7 PASOS PARA ALCANZAR EL ÉXITO FINANCIERO

Qué necesitas para ser libre financieramente

FRANKLIN MORILLO

Derechos de autor © 2024 Franklin Morillo

Todos los derechos reservados. Esta publicación tiene el propósito de ofrecer información precisa y concisa sobre el tema tratado. Se vende con la comprensión de que el autor no está ofreciendo servicios legales, contables ni de otro tipo profesional. Si necesitas asesoramiento legal u otra asistencia experta, debes recurrir a un profesional competente. Ninguna parte de este libro puede ser reproducida ni almacenada en un sistema de recuperación, ni transmitida de cualquier forma o por cualquier medio, electrónico, o de fotocopia, grabación o de cualquier otro modo, sin el permiso expreso del editor.

ISBN-13: 9798338203231

Diseño de la portada por Franklin Morillo
Escrito en los Estados Unidos de América

Página dejada en blanco de manera intencional

DEDICATORIA

Dedicado a cada uno de mis queridos lectores y para todos aquellos que me han apoyado en este proceso. Para mi es más que un privilegio el poder ayudarte en tus finanzas y en el camino de alcanzar la libertad financiera que tanto deseas.

DEDICACIÓN ESPECIAL

Este libro está dedicado en primer lugar a Dios pues todo pasa según su santa voluntad. Lo dedico a mi amada esposa Kastherine Fajardo quién ha sido de mucha inspiración para que tengamos buenas finanzas personales y pueda emprender en los negocios.

También, lo dedico a mi madre, Johanna Montas Benítez, quien me ha dado la oportunidad de estar en este mundo y además siempre me ha apoyado en todo lo relacionado a mi crecimiento como profesional y como hombre de bien. Este libro también lo dedico a mi hija, Bella Morillo Fajardo, quien me ha enseñado a ser un padre responsable y diligente.

Y finalmente, le dedico este libro a mi abuelo, Cándido Montas Zapata, quien fue un hombre muy trabajador y responsable. Mi querido abuelo siempre fue mi cómplice y a él le debo gran parte de lo que soy. Gracias a todos mis familiares, amigos y personas que he conocido a lo largo de toda mi vida y que me han ayudado en mi crecimiento intelectual.

INDICE

Dedicatoria	IV
Dedicación Especial	V
Indice	VII
Introducción	VIII
Paso 1 - CONOCE TU ESTADO FINANCIERO	1
Paso 2 - CREA UN PRESUPUESTO	18
Paso 3 - CREA UN FONDO DE EMERGENCIAS	34
Paso 4 - PAGA TUS DEUDAS	40
Paso 5 - CREA UN COLCHÓN FINANCIERO	48
Paso 6 - INVIERTE EN TUS CONOCIMIENTOS FINANCIEROS E INVERSIONES	52
Paso 7 - PLANIFICA TU FUTURO	62
Conclusión	70
ACERCA DEL AUTOR	71

INTRODUCCIÓN

"La bendición del Señor es un tesoro; nunca viene acompañada de tristeza"

Proverbios 22:7

A lo largo de nuestras vidas hemos experimentado muchas vivencias las cuales nos relacionan con el dinero. Muchos de nosotros tenemos memorias de prosperidad, pero muchos de nosotros tenemos memorias de escasez. Las finanzas son muy importantes tanto para lograr nuestros objetivos en nuestras vidas como para dar una estabilidad a nuestros seres queridos. Lamentablemente, el sistema de educación público nunca se ha enfocado en forjar hombres y mujeres con el conocimiento necesario para enfrentar las situaciones económicas que normalmente suceden en la vida.

Las finanzas personales es un tema que me encanta y disfruto enseñar. Afortunadamente o lamentablemente, yo he tenido que aprender finanzas personales a través de grandes tropiezos. La buena noticia es que nunca es tarde para aprender. A pesar de nuestras buenas o malas circunstancias, nosotros podemos aprender, crecer y ser mejores que ayer.

A diferencia de otros libros de finanzas personales, quiero mostrarte que podemos alcanzar un nivel de conocimientos financieros superior y también podemos escalar en los estratos sociales.

Para todos aquellos que se encuentran en los Estados Unidos y aún en otros países, les quiero decir que es posible salir de cualquier situación económica por más difícil que sea. Tú eres el arquitecto de tu vida y tú tienes un propósito mucho más grande de lo que puedes conocer.

En estos tiempos tan modernos es muy fácil ver a personas dando consejos que no funcionan. Las redes sociales han popularizado la desinformación, lo cual es falsas informaciones que parecen reales. Cada capítulo de este libro te va a enseñar los conocimientos necesario para tener excelentes fundamentos en el manejo de tus finanzas personales. Podrás vivir una vida plena sin deudas y podrás tener una calidad de vida que te permitirá vivir bien y ayudar a otros a obtener ese estilo de vida.

Ya muchas personas se han beneficiado de mis conocimientos de finanzas y mi deseo es que tú de igual manera puedas aprender y poner en práctica lo aprendido.

Si tienes alguna pregunta puedes encontrarme en las redes sociales @_FranklinMorillo o me puedes escribir a mi correo electrónico 7pasos@franklinmorillo.com. Te invito a que visites mi sitio web, franklinmorillo.com, donde estoy constantemente publicando consejos de finanzas, cursos, conferencias y más. Te deseo el mejor de los éxitos en tu camino para alcanzar el éxito financiero.

PASO 1 - CONOCE TU ESTADO FINANCIERO

"El riesgo viene de no saber lo que estás haciendo."

Warren Buffett- Inversionista y empresario.

¿Qué Es Un Estado Financiero?

Un estado financiero nos permite comprender cómo están verdaderamente nuestras finanzas. Un estado financiero nos da un resumen o nos cuenta una historia en breves palabras de cómo verdaderamente nosotros manejamos nuestro dinero. La mayoría de las personas en el mundo no conocen su verdadero estado financiero debido a que no han preparado un estado financiero en ninguna etapa de su vida. Por esta razón, es muy fácil que las personas se endeuden o compren cosas las cuales están mucho más allá de sus posibilidades.

Un estado financiero nos muestra tanto las entradas como las salidas, ósea el movimiento de nuestro dinero. Este también refleja los ingresos que adquirimos y los gastos que hacemos en nuestra vida diaria.

Muchas veces la primera vez que escuchamos acerca de un estado financiero es cuando queremos obtener un préstamo de un banco o entidad crediticia. Ellos utilizan esto para calcular el nivel de riesgo que ellos obtienen o pueden obtener al prestarnos dinero.

Ya sabiendo que es un estado financiero nos podemos imaginar la importancia que este tiene en nuestras vidas. Si los bancos lo utilizan para calcular el nivel de riesgo para prestarnos dinero, imagínate qué tan diligente debemos ser nosotros con nuestro propio dinero.

Al elaborar un estado financiero, buscamos saber lo siguiente:

1. *Saber como están nuestras finanzas*
2. *Saber si podemos adquirir algo en lo inmediato o a largo plazo*
3. *Saber cuáles cosas debemos de ajustar en nuestras vidas para salir de un déficit financiero.*
4. *Saber qué tan rápido podemos alcanzar nuestro retiro o alcanzar una meta financiera.*

Es muy interesante conocer que muchas personas no saben cómo analizar si ellos pueden comprar un producto en el momento o si deben de esperar y comprarlo en el futuro. Por esta razón, es tan fácil endeudarse. El origen de un endeudamiento radica en la mala planificación y cálculo de los gastos e ingresos de una persona. También, muchas veces nos endeudamos porque tomamos decisiones involucrando nuestras emociones y no a la razón. Y esto es muy difícil de evitarlo porque nosotros somos seres emocionales, y debemos de entrenar para ser más analíticos y no tomar decisiones solamente emocionales.

La Carrera De Tu Vida

No importa dónde vivas, no importa dónde estés, no importa dónde hayas nacido porque siempre habrá un sistema financiero establecido. En la antigüedad lo podíamos ver por medio de las cosechas y más adelante por medio del trabajo, el cual proporcionaba unos tantos granos de sal a los trabajadores. Y de aquí proviene la palabra salario. En la antigüedad donde no existían refrigeradores se necesitaba sal para conservar las carnes y los alimentos y es por ello, que hoy en día en la industria de la comida se utiliza la sal para conservar los alimentos.

Las finanzas están arraigadas a nosotros. Las finanzas determinan qué tanto podemos hacer en muchas áreas de nuestra vida y también determinan qué tan fácil podemos obtener cosas en nuestras vidas. Por ejemplo, si tienes buenas finanzas tú puedes enviar a tus hijos a un colegio privado, pero si careces de ellas, todos sabemos que hay que ir a una escuela pública la cual es normalmente subsidiada por el gobierno. En otros casos podemos buscar becas o padrinos para poder estudiar en una institución fuera de nuestras posibilidades.

Las personas bien administradas son muy bien recibidas porque normalmente son medidos. Hoy yo te invito a que puedas entrar a este grupo de buenos mayordomos o administradores. Y de esta manera podrás llegar a lugares inimaginables.

¿Cuál Es La Necesidad De Conocer Tu Estado Financiero? (Conocer Tus Números)

Es muy importante conocer nuestro estado financiero o nuestros números porque nos ayudan a tomar mejores decisiones en nuestras vidas. También por que el conocer nuestros números evitarán que nos endeudemos. La mejor persona para administrar tu dinero deberías ser tú y no una tercera persona. Lamentablemente, no todas las personas que dicen ser buenos administradores y que puedan administrar tu dinero lo harán bien. Muchas personas en las entidades financieras abogan por sus intereses antes que los tuyos.

El conocer nuestros números nos provee seguridad y nos protege de tomar malas decisiones o decisiones que puedan perjudicar nuestras vidas.

Riesgos De No Conocer Tu Estado Financiero

Cuando no conocemos nuestro estado financiero estamos susceptibles a todas las amenazas. Cuando digo amenazas me refiero a qué podemos decir si a cualquier oferta que nos ofrezcan. Los comerciantes les encantan las personas que no son buenas administradoras ¿por qué? Porque estas personas compran desmedidamente y luego se ponen la mano en la cabeza cuando tienen que pagar o cuando le quitan ese bien que compraron sin poder pagarlo. Es muy importante saber que cuando tenemos problemas monetarios pocas personas van a venir a tu socorro. Y esto se debe a que nadie le gusta estar con fracasados. Ya sabiendo las consecuencias de no conocer tus números o estado financiero, yo creo que debes hacer el compromiso de aprender y mejorar tus conocimientos de finanzas y la aplicación de estos conocimientos. Pues esto te dará a largo plazo un sentir de bienestar y alegría para ti y tu familia.

¿Qué Necesitas Para Preparar Tu Estado Financiero?

Los estados financieros consisten en una lista de tus entradas y todas tus salidas. En otros términos, todo lo que ganas, todo lo que gastas y todo lo que debes. Y no simplemente esto. Es muy importante categorizar tus ingresos y tus gastos de manera que tú puedas obtener la información necesaria para tomar decisiones.

¿Qué tipo de decisiones debes tomar para alcanzar tu éxito financiero? Todo depende de tu meta. Si tu estado financiero presenta un déficit o números negativos, es necesario recortar gastos o aumentar los ingresos. Si tu meta es retirarte o ser libre financieramente, se debe calcular cuan rápido se puede obtener esta meta tomando en cuenta el dinero neto que nos presenta nuestro estado financiero.

Conociendo Tus Números Exactos

Para conocer tus números exactos es necesario estar constantemente monitoreando tus entradas y tus salidas. Sabemos que la vida es variante, por ende, nosotros debemos ir ajustando nuestro estilo de vida según nuestros gastos e ingresos. Especialmente, si nosotros tenemos una meta financiera es muy importante recortar los gastos e incrementar los ingresos si es posible. Siempre y cuando sepas tus números, tú podrás planear para retirarte a una edad razonable y no tener que esperar a los 65 años o los 67 años para alcanzar la jubilación. La decisión es tuya. Todos podemos cambiar. Y todos podemos lograr obtener una vida financieramente saludable. Ahora también hay que ser realista. Si planeas una vida llena de lujos, de igual manera vas a tener que trabajar para obtener esos lujos. Para aquellos que su meta es retirarse lo más ante posible, les sugiero que vean el documentar FIRE. FIRE, Finance Independence Retire Early, es un movimiento que fomenta la independencia económica y el retiro temprano. Una de las claves para retirarse a temprana edad es ahorrar gran cantidad de dinero para luego invertirlo y vivir de las ganancias de la inversión.

FUNDAMENTOS DEL ÉXITO FINANCIERO

El pilar de la constancia

El secreto para alcanzar cualquier logro, cualquier meta, cualquier sueño en la vida es ser persistente. La persistencia es el elemento clave qué diferencia a los ganadores de los perdedores. Este elemento permite que un grupo de personas sea más exitoso que otros.

La persistencia en sí también está relacionada con el esfuerzo. No siempre vamos a poder hacer lo que nos gusta para obtener lo que queremos. La vida no nos da lo que queremos tan fácilmente. Hay que salir de nuestra zona de confort para poder lograr lo que queremos.

Lo que nosotros tenemos hoy en día en nuestras vidas es el resultado de lo que hicimos en el pasado. Entonces, si tú quieres lograr obtener más, si quieres crecer, si quieres ser alguien diferente, tú debes cambiar hoy. Hoy es el día en el que puedes comenzar a dar pequeños pasos que en el futuro te darán resultados gigantes. No se puede alcanzar resultados diferentes haciendo lo que estamos acostumbrados a hacer. De igual manera funcionan las finanzas. No podemos pretender tener un estilo de vida de derroche de dinero y querer ser ricos. Aclarando que para ser rico tú no necesitas mucho dinero, solo necesitas lo necesario para vivir y sin deudas. También es importante saber que hay deudas buenas y deudas malas.

Las deudas buenas te permiten obtener un retorno económico. Las deudas malas solo son gastos. La mayoría de las cosas que podemos poseer en la vida pueden convertirse en deuda buena como en deuda mala. Por ejemplo, si una persona necesita un celular inteligente para poder manejar su negocio, la compra del celular puede ser una deuda buena. Ahora, si solo se compra un celular para estar a la moda y estar al día, solo estamos haciendo un gasto.

El poder de pequeños pasos

El siguiente secreto para reconocer cualquier logro en la vida es dar pequeños pasos. Cuando damos pequeños pasos estamos ejecutando. Muy pocas personas planean y ejecutan. Por eso podemos ver personas trabajando por muchos años en el mismo lugar sin tener beneficios a gran escala. Ellos simplemente son parte de un plan de alguien más. Plan que está siendo ejecutados por personas que intercambian su tiempo, conocimiento y esfuerzo por algo que ellos creen que es de valor.

Si nosotros mejoramos aún un poco cada día, a largo plazo vamos a poder notar un progreso masivo en nuestras vidas. De esta misma manera nosotros podemos pagar nuestras deudas. De esta misma manera, nosotros podemos acumular riquezas. De esta misma manera, nosotros podemos convertirnos en la persona que queremos. El éxito financiero está muy ligado con el crecimiento de las personas.

No basta con solo cambiar tu

Algo que te darás cuenta en el camino hacia el éxito es que tienes que cambiar tu alrededor, tu atmósfera o salir del círculo que te rodea. Normalmente, las personas exitosas se juntan con otras personas exitosas. Psicológicamente, nosotros buscamos personas que se parezcan a nosotros mismo de manera inconsciente. Por eso, cuando queremos cambiar o crecer, muchas personas a tu alrededor no pueden entender metas o sueños. Ellos no se visualizan de la misma manera. Muchas personas se han acostumbrado a vivir con deudas. Muchos no se preocupan por dejar de tener deudas. Lo lamentable es que estas formas de pensamiento son como un cáncer en contra de nuestros sueños y metas. Por eso es necesario que tomemos una pausa y decidamos hacer lo siguiente:

- *Quedarnos con el mismo circulo de personas y posiblemente fracasar.*
- *Buscar personas que tengan pensamientos o metas similares a las nuestras. También, comenzar a compartir con personas que ya han alcanzado nuestros sueños o metas.*

Darte la oportunidad de cambiar

Es muy importante darte la oportunidad de cambiar. Para cambiar muchas veces vas a necesitar transformar la persona que eres hoy en día y necesitarás dejar algunas personas atrás como compañeros de trabajo, familiares, amigos y, o alguien más. Simplemente, no podemos relacionarnos la mayor parte de nuestro tiempo con personas que quieren algo opuesto a nosotros. Porque de esta manera, simplemente estamos navegando en contra de la corriente.

Poco a poco, mientras vayas aprendiendo más sobre finanzas vas a notar cambios en ti. Todo va a ser más planificado. Y tu vida será más plena o tendrás un mayor sentido de satisfacción personal.

Hay personas que tendremos que dejar atrás pues sus malos hábitos pueden corromper nuestro gran esfuerzo para alcanzar nuestro éxito financiero. Sabes que, es más fácil que una manzana podrida dañe el resto de las manzanas en una canasta que las manzanas buenas curen a la única manzana podrida. Esto es algo en lo que deberíamos pensar. Es imposible querer andar en dos direcciones pues simplemente nos quedaremos estáticos o una de las direcciones tomará más fuerza y nos arrastrará hacia ella.

Darse la oportunidad de cambiar es un gran reto. Muchas veces la vida no nos ha tratado bien y en otras ocasiones hemos tomado malas decisiones. Si te das la oportunidad de cambiar y comienzas a ejecutar o dar pequeños pasos, tu vida cambiará. Tú puedes.

Distracciones que te alejan del éxito

¿Sabes por qué la mayoría de las personas están endeudadas? Es simple. Ellos nos se han dado la tarea de cambiar, de aprender y de aplicar conocimientos que los sacarían de este hoyo. Es muy importante que le dediques tiempo al estudio de tus finanzas. No hay mejor persona para estudiar tus finanzas que tú mismo. Y aún si tienes un equipo de trabajo, es importante que sepas a dónde estás parado pues una mala decisión de un tercero puede afectar tu vida drásticamente.

También es importante saber, que no hay peor enemigo que uno mismo. La procrastinación o posponer las cosas para más tarde no nos permite avanzar. Todas las personas de éxito hacen sacrificios. Hay días que no vamos a querer hacer nuestro presupuesto. Pero comience a hacerlo. Este tipo de mentalidad te ayudará alcanzar no simplemente el éxito financiero pero el éxito en cualquier área en la vida. No siempre nos gustará hacer las cosas que no dejan mayor resultado, pero es muy importante hacerlo. Si paramos de hacer lo que debemos de hacer, nuestras vida se comenzará a colapsar lentamente hasta que todo se arruine.

PSICOLOGÍA DEL DINERO

Patrones enseñados

Normalmente, nosotros aprendemos patrones de dinero de las personas que nos crían, quiénes pueden ser nuestros padres o tutores. Es muy fácil aplicar en nuestras vidas lo que se ve a diario.

Las personas que viven en pobreza normalmente crían a sus hijos con limitaciones las cuales los lleva a ellos a vivir en pobreza en un futuro. En cambio, hay personas que se crían en hogares de clase media y de clase alta y de la misma manera sus hijos tienden a tener la misma clase o una clase menor. Esto quiere decir, que nuestro ambiente muchas veces establecen patrones y es muy importante que nosotros tomemos un momento y hagamos un estudio de quiénes somos y cómo es nuestro alrededor.

- *¿Qué nosotros creemos a cerca del dinero?*
- *¿Cómo fue nuestra relación con el dinero en nuestra niñez?*
- *¿Qué planes yo tengo en el futuro?*

La única manera de que no te parezcas a las personas más cercanas a ti en términos económicos, es que hayas roto los patrones enseñados. Muchas veces cuando alcanzamos un mayor nivel de educación podemos romper estos patrones. Otras veces, cuando nosotros emprendemos podemos romper estos patrones. O simplemente, por el poder de la asociación podemos romper estos patrones que muchas veces pueden ser tan dañinos para nuestro futuro.

El poder de la asociación

Me gustaría comenzar con el dicho "el que anda con cojo, al tiempo cojea". Nosotros tendemos a convertirnos en las personas con las cuales pasamos más tiempo. Es tanto así, que podemos vestir similar. Podemos poseer casi las mismas cosas. Podemos tener el mismo estatus social. También, podemos tener el mismo grado de educación. Además, compartimos muchos de los sueños y anhelos que queremos alcanzar.

Por eso, es muy importante evaluar con quién pasamos nuestro tiempo. Nuestro círculo tiene la capacidad tanto de impulsarnos y de retrasarnos. Es necesario que determinemos cuándo debemos expandir nuestro círculo de relaciones o cuando debemos dejarlo. Hay decisiones que no serán fáciles de tomar, pero estas son las necesarias para nuestro crecimiento.

Determinar y reconocer errores

Para poder alcanzar el éxito financiero es necesario que definas qué es el éxito financiero para ti. Esto va a determinar qué tanto tienes que trabajar y que tanto tienes que cambiar. Para poder lograr tus objetivos, debes de reconocer qué estás haciendo bien y qué estás haciendo mal. Hay cosas que no la vas a saber en principio. Pero mientras vayas creciendo en conocimiento es necesario que reconozcas tus errores, para ahora abrirle el paso a las decisiones correctas. El tiempo de cambiar lo determinas tú y tus necesidades. Mientras más creces en conocimientos y sabiduría tomarás más decisiones correctas que incorrectas. Esto esta determinado no tan solo por tu intelecto pero por el circulo de personas que están alrededor de ti.

FRANKLIN MORILLO

Rompiendo Ciclos

Algo muy importante para alcanzar el éxito financiero es aprender a romper ciclos. Si estabas en deuda, trata lo más posible de no endeudarte nuevamente. Si tienes un plan de ahorro o retiro, trata de no malgastar tu dinero en cosas infructuosas. Sí los ciclos no se rompen, no podrás alcanzar tus objetivos. Vivirás con una pena de por vida y una vida amargada.

TU TURNO DE ESCRIBIR TU HISTORIA

¿Qué es para ti ser exitoso financieramente?
_____
_____
_____
_____.

¿Cómo describirías la vida de tus sueños?
_____
_____
_____
_____.

¿Qué cantidad de dinero realmente necesitas para llegar a vivir la vida de tus sueños?
_____
_____
_____
_____.

¿Qué metas financieras quieres alcanzar en un futuro cercano?
_____
_____
_____
_____.

¿Qué crees a cerca del dinero? ¿Es el dinero bueno o malo?

_____
_____
_____
_____.

¿Conoces a alguien que ya vive la vida de tus sueños? ¿Cómo lo logró?

_____
_____
_____
_____.

I. Haz una lista de las 10 personas más cercanas a ti.

II. Al lado de cada nombre vas a escribir la clase social de cada persona. También escribe qué tipo de propiedades tiene. Por ejemplo, sí tiene casa, años aproximado del vehículo que maneja, nivel de educación, si es dueño de negocio o no, si lo consideras próspero o no.

Nombres	Detalles
1	
2	
3	

4	
5	
6	
7	
8	
9	
10	

III. Ahora, tienes qué escribir tu nombre y hacerte la misma evaluación que hiciste lo demás. Y nota, qué tan diferente eres de ellos.

Nombres	Detalles
1	

PASO 2 - CREA UN PRESUPUESTO

"No compres cosas que no necesitas, con dinero que no tienes, para impresionar a gente a la que no le importas." Dave Ramsey

¿Qué es un presupuesto?

Un presupuesto define cómo vamos a gestionar nuestro dinero en un período determinado. Un presupuesto es nuestro manual o guía para tomar decisiones en el día a día.

Los números cuenta una historia. Es muy fácil deducir el estado emocional de una persona con tan solo mirar su presupuesto. De la manera que presupuestas, de esta misma forma será tu vida. Si en tu presupuesto hay dinero destinado para crecimiento personal, tú vas a crecer personalmente. Si no lo hay, es porque estás recibiendo mentoría personal gratuita, no tienes fondos suficientes o simplemente estás dejando tu crecimiento personal a la suerte

Normalmente se hacen presupuestos de los gastos. La mayoría de las personas ganan dinero dentro de un rango x. Y por esto se debe presupuestar para los gastos en primer lugar.

¿Porque es necesario hacer un presupuesto?

Un presupuesto es necesario para eliminar malos hábitos. La única forma de saber a dónde va tu dinero es presupuestando. Todos nosotros somos débiles en una categoría de gastos. Además, nadie tiene una fuente infinita de dinero. Aun siendo billonario, puedes gastar todo tu dinero. Siempre habrá algo que comprar para todo tipo de público.

Sabiendo que tenemos recursos limitados, es importante que hagamos un presupuesto tanto para eliminar malos hábitos o deudas o poder amasar una fortuna.

Un presupuesto es la guía clave para alcanzar nuestros objetivos. Un presupuesto nos va a detallar todas las transacciones qué hacemos tanto gastos como ingresos. Normalmente nosotros tenemos más movimientos de gastos que entradas o ingresos.

Si nosotros nos apegamos a nuestro presupuesto vamos a poder lograr nuestras metas financieras. No importa en qué circunstancias te encuentras en este momento. Es muy importante que tengas un presupuesto para poder tener un mayor control de tu vida y podrá alcanzar el éxito financiero que quieres. Es fácil desanimarse en los días difíciles y también derrochar el dinero en los días buenos.

Conoce tus gastos

Es muy importante conocer nuestros gastos porque de esta manera podemos crear un presupuesto. El paso número 1 para hacer muy bueno presupuestando es saber los gastos qué habrán de venir. Un buen presupuesto pronostica todos los gastos del futuro. Tanto así como mantenimiento del carro, las compras de Navidad, los regalos de cumpleaños y demás actividades deben de estar presupuestados. Mientras mejor planifiquemos todos estos gastos, nos mantendremos en el camino correcto para alcanzar nuestra libertad financiera.

La forma más fácil de darle seguimiento a los gastos es anotando cada compra qué hacemos. Es importante anotar la fecha del gasto y el tipo de compra (como alimentos, entretenimiento, etc.). La fecha nos permite saber si hay gastos que son recurrentes tanto mensualmente como semanalmente. Por el otro lado, el tipo de compra nos permitirá categorizar todas las compras similares. De esta manera podemos conocer tendencias de gastos. Al final del día es muy importante hacer una sumatoria de los gastos totales. Esto no ayudará a obtener una sumatoria total de los gastos del mes.

Siempre recomiendo que tomes nota de todos tus gastos por lo menos por un mes manualmente. Esta actividad te permitirá conocer más a fondo todos tus gastos. Además, como tienes que escribir estos gastos, es mucho más fácil recordar. Recuerda que la meta no es hacer todo rápido y automatizado, sino que la meta es cambiar nuestras vidas para bien. Y esto toma tiempo, dinero y esfuerzo.

A final de mes debes de revisar todos tus gastos y hacer la sumatoria total. Es bueno utilizar marcadores de diferentes colores para así marcar cada categoría con un marcador diferente. Eso nos ayudará a tener una guía visual y determinar patrones de gastos. Te aseguro que si es tu primera vez te sorprenderás al ver los patrones de gastos que tienes.

Si utilizas una cuenta bancaria para todos tus gastos, puedes descargar el resumen de cuenta en la página de tu Banco. Así puedes hacer la categorización y sumatoria de tus gastos.

De igual manera, tienes que conectar todos tus ingresos. Normalmente hay personas que cobran semanal, bisemanal o mensual. Lo que debes hacer en este momento es tomar apuntes del dinero neto que cobras. No utilices la cantidad de dinero que produces sin antes descontarle los impuestos y otras deducciones. Utiliza solo la cantidad de dinero que tienes a mano para utilizar. Esto sería, la cantidad que te depositan en el banco, o te dan un cheque o una tarjeta.

Patrones repetitivos

Es muy fácil encontrar patrones repetitivos por medio a la categorización de gastos. Al final, toda persona que quiere ser financieramente exitosa quiere saber cuáles patrones de gastos son positivos y cuáles son negativos. Los patrones de gastos negativos identificados nos dan una alerta roja. Estos nos señalizan un peligro inminente.

De igual manera, los patrones gastos nos permiten saber e identificar a dónde va nuestro dinero.

Como distribuir el dinero efectivamente

La regla 50-10-20-20 nos ayuda a distribuir nuestro dinero en una manera efectiva. 50% para los gastos esenciales, 10% para caridad, 20% para cosas que quiero y 20% para ahorros o pagos de deuda.

Distribución efectiva de los 50%

Casa	25-35%
Comida	5-10%
Carro	7-10%
Gastos Médicos	5-10%
Gastos Misceláneos	5-10%
Pagos Mínimos Tarjetas / Prestamos	2-5%

Distribución efectiva de 10%

Caridad / Donaciones	0-10%

Distribución efectiva de 20% para las cosas que quiero

Entretenimiento	20%
Ropa	
Vacaciones	
Restaurantes	
Electrónicos	

Distribución efectiva de 20% para ahorros / pagos de deudas.

Si se excede el monto total de distribución en una de las áreas, es necesario evaluar los gastos en estas categorías.

Fondo de Emergencias	5-10%
Fondo de Inversiones / Retiro	5-10%
Pago de Deudas	5-10%

Presupuesto 1 - Hagamos un presupuesto juntos

Primero te enseñaré cómo luce un presupuesto. En el presupuesto 1 podemos observar todos los ingresos, ahorros y gastos de un individuo. En este caso, esta persona produce 1000 dólares semanales y un total de 4000 dólares en cuatro semanas. Esta persona puede ahorrar un 20% de su salario que serían 800 dólares. Y dentro de sus gastos estas personas pueden suplir todas sus necesidades sin tener que utilizar préstamos o tarjetas de crédito.

Es muy importante resaltar que esta persona aún ahorrando un 20% y cubriendo sus necesidades básicas le quedaron 270 dólares positivos los cuales se pueden utilizar tanto para ahorros, gastos personales o gastos misceláneos.

Esta persona como podemos ver en el presupuesto 1 dona un 10% de sus ingresos mensualmente. Ahora bien, este debería ser el presupuesto ideal para cada persona. Ideal porque podemos cubrir todos nuestros gastos, podemos ahorrar un 20%, podemos hacer donaciones y tenemos dinero suficiente para gastos personales y misceláneos que son normalmente entretenimiento y restaurantes. Nosotros debemos tener un presupuesto como este como referencia. Ahora, cada mes hay que hacer la sumatoria de los gastos y categorizarlos. Y la sumatoria total de cada categoría se debe comparar con nuestro presupuesto. De esta manera nosotros vamos a saber varias cosas:

1. Si pudimos llevar nuestro presupuesto al pie de la letra.

2. Si tenemos un balance positivo o negativo al final del mes.

3. Si debemos hacer ajustes a nuestro presupuesto de referencia

Presupuesto 1

Ingresos	Presupuesto
Semana 1	$ 1,000.00
Semana 2	$ 1,000.00
Semana 3	$ 1,000.00
Semana 4	$ 1,000.00
Total ingresos	$ 4,000.00
Ahorros	$$$
Fondo de Emergencias	$ 400.00
Fondo de Retiro	$ 400.00
Pago de Deudas	$ -
Total Ahorros	$ 800.00
Gastos	$$$
Casa	$ 1,000.00
Comida	$ 350.00
Transportación	$ 300.00
Utilidades	$ 300.00
Misceláneos	
Caridad/Donaciones	$ 400.00
Pagos mínimo tarjeta de crédito	$ -
Préstamos	$ -
Gastos Personales	$ 400.00
Seguro	$ 180.00
Salud	$ -
Total Gastos	$ 2,930.00
Total Gastos + Ahorros	$3,730.00
Total (G + A) - Ingresos	$270.00

Presupuesto 2

Ingresos	Presupuesto	Marzo
Semana 1	$ 1,000.00	$ 1,000.00
Semana 2	$ 1,000.00	$ 1,000.00
Semana 3	$ 1,000.00	$ 1,000.00
Semana 4	$ 1,000.00	$ 1,000.00
Total ingresos	$ 4,000.00	$ 4,000.00
Ahorros	$$$	$$$
Fondo de Emergencias	$ 400.00	$ 200.00
Fondo de Retiro	$ 400.00	$ 200.00
Pago de Deudas	$ -	$ 400.00
Total Ahorros	$ 800.00	$ 800.00
Gastos	$$$	$$$
Casa	$ 1,000.00	$ 1,000.00
Comida	$ 350.00	$ 300.00
Transportación	$ 300.00	$ 310.00
Utilidades	$ 300.00	$ 200.00
Misceláneos		$ 300.00
Caridad/Donaciones	$ 400.00	$ 400.00
Pagos mínimo tarjeta de crédito	$ -	$ 100.00
Préstamos	$ -	$ -
Gastos Personales	$ 400.00	$ 300.00
Seguro	$ 180.00	$ 180.00
Salud	$ -	$ -
Total Gastos	$ 2,930.00	$ 3,090.00
Total Gastos + Ahorros	$3,730.00	$3,890.00
Total (G + A) - Ingresos	$270.00	$110.00

¿Cómo sabemos que estamos presupuestando efectivamente?

Para saber si estamos presupuestando efectivamente, nosotros debemos hacer una sumatoria de todos nuestros gastos por categoría. por ejemplo, Debemos hacer la sumatoria de todos los gastos de comida. Esa sumatoria la vamos a comparar con el presupuesto que hicimos anteriormente. De esta manera vamos a saber si nos salimos de presupuesto o si lo mantuvimos en presupuesto.

Tanto si hacemos un seguimiento de nuestros gastos manualmente o utilizando una aplicación de celular, nosotros debemos comparar nuestros gastos por categoría con el monto asignado en nuestro presupuesto. Mientras más frecuentes nosotros ejercitamos la comparación de nuestros gastos y nuestro presupuesto, nosotros vamos a poder hacer ajustes en nuestras vidas para mantener un presupuesto saludable. Es importante saber que si tienes deudas el dinero restante o el dinero no gastado en una categoría se puede utilizar para el pago de deudas. De esta manera vamos a poder pagar o saldar todas nuestras deudas de manera rápida y efectiva.

Conoce tu crédito (Estados Unidos)

Si quieres hacer compras que requieren cientos o miles de dólares es muy importante tener un buen crédito. El puntaje crediticio va a determinar si eres elegible para comprar lo que deseas y que porcentaje de interés anual te cobraran. El tener un excelente crédito es muy importante porque esto determinará la cantidad total que tendrás que pagar. En los Estados Unidos, más y más empresas están utilizando el puntaje crediticio para determinar cuánto te cobraran por los servicios requeridos.

Muchas veces hay compañías que solo le prestan sus servicios a personas que cumplen su perfil de cliente. Es recomendable mantener un puntaje crediticio lo más alto posible.

El puntaje de crédito va desde 300 a 850. A continuación, mostraré una tabla con los rangos de crédito y su significado:

800 – 850	Excelente	Mejores intereses en el mercado
740 – 799	Muy Bueno	
670 – 739	Bueno	
580 – 669	Justo (Mínimo para muchas compras)	
300 – 579	Pobre	Peores intereses en el mercado

	Costo Automóvil	%Interés Mensual	Años Préstamo	Pago Mensual	Pago Total
Crédito Excelente	$30,000	3%	5	$539	$32,344
Crédito Pobre	$30,000	12%	5	$667	$40,040

¿Cómo afecta el puntaje de crédito en tus compras a crédito?

Si vas a comprar un automóvil nuevo, si tienes un crédito excelente podrás calificar por los intereses más bajos 2% a 5%. En otro caso, si tienes un crédito pobre no gozarás de los mismos intereses. En mi experiencia el interés de préstamo que puede obtener una persona con un puntaje de crédito pobre es de un 10% a 20%. En este momento estamos hablando de porcentajes, pero como se traduce eso a pagos mensuales e interés total.

Como podemos ver en la tabla anterior, es mucho mejor tener un crédito excelente que un crédito pobre. Hay muchos beneficios otorgados a las personas que mantienen su crédito a la perfección.

35%	**Historial de Pago**
30%	Monto Adeudado
10%	Crédito Nuevo
15%	Historial de Crédito
10%	Mezcla de Crédito

¿Cómo se compone el crédito?

Explicación de la tabla anterior:

- El historial de pago se compone de pagos a tiempo y pagos tardíos. Por eso, es muy importante no atrasarse en los pagos.

- El monto adeudado es un cálculo entre la cantidad total de crédito disponible entre el crédito usado. Es recomendable que solo utilicemos una tarjeta de crédito menos de 30% del monto máximo aprobado. Y menos del 30% de nuestro crédito total

- El crédito nuevo quiere decir la cantidad de cuentas nuevas que obtienes en los últimos 2 años.

- El historial de crédito quiere decir la cantidad de años que la persona tiene con crédito.

Por último, la mezcla de crédito describe las formas de crédito que has utilizado. Por ejemplo, crédito para comprar automóvil, crédito estudiantil, hipotecas, tarjetas de crédito y más.

¿Cómo puedes saber tu puntaje de crédito?

Hay varias maneras de saber nuestro puntaje de crédito.

1. Utilizando AnnualCreditReport.com. Una vez accedas al sitio web puedes darle clic a "Request your free credit reports". Tendrás que completar el formulario con tus datos personales y al final te proporcionaran un reporte de crédito de las 3 compañías principales que reportan crédito en los Estados Unidos. Estas compañías son Experian, TransUnion y Equifax.

2. Utilizando tu banco. La mayoría de los bancos que proveen tarjetas de crédito te permiten recibir un reporte mensual de tu FICO score. Este número es el puntaje de crédito. Hay que saber que tu puntaje de crédito cambia casi todos los días. Normalmente los bancos actualizan este número en diferentes períodos. Hay unos que lo actualizan semanalmente, bisemanal y otros mensualmente.

3. Utilizando una de las plataformas de las empresas de crédito en los Estados Unidos como Experian, TranUnion o Equifax. Todas estas empresas tienen páginas de Internet las cuales te pueden ofrecer tu puntaje de crédito según sus cálculos. Cada una de estas empresas tiene algunos criterios diferentes, pero normalmente tu puntaje de crédito va a fluctuar entre 5 y 20 puntos dependiendo de la compañía. Hay en otras ocasiones que el cálculo final de tu puntaje de crédito es el mismo en varias compañías. Todo depende de tu historial de crédito, pagos y demás.

TU TURNO DE ESCRIBIR TU HISTORIA

El siguiente ejercicio te ayudará a ser más consciente de tus gastos. Toma una libreta de apuntes y escribe todos tus gastos por una semana o dos. Cada día categoriza tus gastos y al final de la semana, has una sumatoria para que aprecies tus hábitos de gasto.

Ingresos	Gastos
Semana 1	
Semana 2	
Semana 3	
Semana 4	
Total ingresos	
Ahorros	
Fondo de Emergencias	
Fondo de Retiro	
Pago de Deudas	
Total Ahorros	
Gastos	
Casa	
Comida	
Transportación	
Utilidades	
Misceláneos	
Caridad/Donaciones	
Pagos mínimo tarjeta de crédito	
Préstamos	
Gastos Personales	
Seguro	
Salud	
Total Gastos	
Total Gastos + Ahorros	
Total (G + A) - Ingresos	

¿Cuál es tu puntaje crediticio?
_____
_____
_____.

¿Cómo harás para mantener o mejorar tu crédito con los conocimientos que haz adquirido?
_____
_____
_____.

¿Qué cantidad de crédito tienes disponible y cuál debería de ser el balance máximo en tu tarjeta de crédito y consumo total de crédito?
_____
_____
_____.

PASO 3 - CREA UN FONDO DE EMERGENCIAS

"No te compares con los demás"

Theodore Roosevelt

Un fondo de emergencias es un colchón financiero, una reserva para utilizar en los momentos más críticos de nuestra vida. Situaciones como la pérdida de nuestro trabajo, algún tipo de operación quirúrgica, entre otras cosas pueden hacer que utilicemos nuestros fondos de emergencias.

Es importante estar preparados para esos momentos impredecibles y difíciles en la vida. Por ejemplo, la pérdida de trabajo puede hacer que la economía de cualquier hogar tiemble y hasta puede hacer que esa familia pierda todo lo que tiene. Por eso, es muy importante que nos preparemos para crear una reserva de emergencia.

¿Qué cantidad de dinero necesito?

Si vives en los Estados Unidos, es recomendable tener reservado por lo menos lo que nos costaría una consulta de emergencia o un hospital. También, otro indicador para ahorrar es un mes de nuestros gastos mensuales. Lo ideal es contar con al menos tres meses de nuestros gastos mensuales como fondo de emergencias.

El fondo de emergencia no debe ser utilizado para comprar cosas que necesitamos para nuestro día a día. También, el fondo de emergencias no debe ser utilizado para comprar entretenimiento o comprar cosas de oportunidad.

Muchas veces nosotros nos vemos tentados a gastar el fondo de emergencias en cualquier otra cosa que no es una emergencia.

Antes de utilizar este dinero, piénsalo muy bien. Un fondo de emergencias es el último recurso que vas a utilizar. Por ejemplo, si mensualmente tus ingresos no te dan para pagar el lugar dónde vives, este es un indicador de que hay un problema de presupuestos y el fondo de emergencias no debe ser usado. Ahora, si has perdido el trabajo o hay un problema de nóminas o de pago en tu empresa o negocio, esto puede ser una ocasión para utilizar el fondo de emergencias. Solo recuerda que es importante reponer el dinero tomado del fondo de emergencias.

Hoy te invito a que pienses cuidadosamente antes de utilizar el fondo de emergencias para complacer simplemente un gusto. Las emergencias aparecen y no tocan tu puerta para avisarte. Por eso es muy importante que tú y yo estemos preparados para enfrentar esos momentos de dificultad que se presentan en nuestras vidas.

¿Cuáles son los beneficios de tener un fondo de emergencia?

Cuando tenemos un fondo de emergencia nos podemos sentir más seguros de nosotros mismos. Nos sentimos algo más preparados para enfrentar cualquier adversidad que se nos pueda presentar. También, si estamos en un trabajo abusivo, nosotros podemos optar por reclamar nuestros derechos sin tener temor a que podamos perder el trabajo. Una de las cosas más importantes de la vida es estar en control de nuestro futuro. Cuando no estábamos planificados y no tenemos fondo de emergencia podemos vivir atemorizados e inseguros. Por eso, vamos a evitarnos este mal rato y planifiquemos nuestras vidas adecuadamente.

¿Cómo puedo crear un fondo de emergencias?

Nosotros podemos crear un fondo de emergencias:

1. De nuestros ahorros.

2. Ahorrando la cantidad de dinero que se acordó en el presupuesto.

Si nuestro presupuesto está negativo, nosotros debemos hacer una actividad extra para crear el fondo de emergencias. Por ejemplo, podemos tomar un trabajo de medio tiempo o hacer horas extras en nuestro trabajo si es posible. Este dinero producido será exclusivamente destinado para el fondo de emergencias. La vida está basada en sacrificios. Hay muchos sacrificios que valen la pena hacer y trabajar extra para hacer un fondo de emergencia valdrá la pena.

Consejos prácticos para utilizar el fondo de emergencias:

1. Establezca reglas para utilizar el fondo de emergencias.

2. No esperes que te sobre dinero para comenzar a construir el fondo de emergencias.

3. Mantener parte del fondo de emergencias en tu casa es importante. Muchas instituciones financieras pueden cerrar en el momento más crítico de nuestras vidas. Nota: no acumules gran cantidad de dinero en efectivo en tu hogar pues esto puede poner en riesgo a tu familia. Y si decides tener dinero en efectivo en tu hogar guárdalo en una caja de seguridad o caja fuerte. No es bueno que divulgues con tus amigos o familiares qué tienes dicho ahorro en tu hogar. Las personas siempre necesitan.

4. Mantén el fondo de emergencias en una cuenta de banco a tu nombre solamente. No guarde tu fondo de emergencias con familiares o amigos. Cada familia, cada individuo tiene necesidades.

TU TURNO DE ESCRIBIR TU HISTORIA

1. ¿Porqué es importante para ti tener un fondo de emergencias?

_____
_____
_____
_____.

2. ¿Qué cantidad exacta de dinero necesitas para tu fondo de emergencias?

_____
_____
_____
_____.

3. ¿En qué tiempo puedes ahorrar el fondo de emergencia?

_____
_____
_____
_____.

7 PASOS PARA ALCANZAR EL ÉXITO FINANCIERO

PASO 4 - PAGA TUS DEUDAS

"El rico se enseñorea de los pobres,

Y el que toma prestado es siervo del que presta."

Proverbios

Pagar tus deudas es esencial para alcanzar el bienestar y vivir con comodidad y tranquilidad. Al estar libres de deudas, podemos disfrutar de una sensación de prosperidad, satisfacción y felicidad. Las deudas generan preocupación excesiva, lo que puede afectar nuestra salud física y emocional. Por eso en este capítulo nosotros vamos a estar explorando diferentes metodologías las cuales nos pueden ayudar apagar nuestras deudas por completo.

En los capítulos anteriores, nos centramos en aprender a manejar nuestro dinero a través de un presupuesto. En este momento, ya tenemos los conocimientos necesarios para saber cuánto dinero tenemos disponible mensualmente para pagar nuestras deudas.

Primero, debemos crear una tabla con todas nuestras deudas, que debe incluir los siguientes campos:

• Descripción

- Día de pago
- Pago mínimo
- Balance
- Interés anual
- Total

Estos campos nos ayudarán a aplicar diferentes estrategias o métodos de pago. A continuación, te presentaré una tabla de ejemplo que utilizaremos para explicar varios métodos de pago.

Pasivos / Deudas

Descripción	Día de Pago	Pago Mínimo	Balance	Interés Anual
Casa	1	$3,244	$400,000	4.50%
Automóvil 1	14	$1000	$15,000	3%
Automóvil 2	28	$1475	$48,000	4%
Prestamos Estudiantiles	5	$2400	$350,000	5%
Tarjeta de Crédito 1	1	$240	$8000	27%
Tarjeta de crédito 2	30	$150	$4500	29%
Total		$8,509	$825,500	

El método bola de nieve

El método de la bola de nieve consiste en pagar las deudas desde la más pequeña hasta la más grande, sin considerar el interés anual. El método bola de nieve es el que ofrece más satisfacción y motivación para pagar deudas. Esto se debe a qué vamos a ir pagando una deuda tras la otra. Este método nos ayuda a tener pequeños logros hasta llegar a saldar todas nuestras deudas.

Tabla 2

Pasivos / Deudas				
Descripción	Día de Pago		Balance	Interés Anual
Tarjeta de crédito 2	30	$150	$4,500	29%
Tarjeta de Crédito 1	1	$240	$8,000	27%
Automóvil 1	14	$1,000	$15,000	3%
Automóvil 2	28	$1,475	$48,000	4%
Prestamos Estudiantiles	5	$2,400	$350,000	5%
Casa	1	$3,244	$400,000	4.50%
Total		$8,509	$825,500	

¿Cómo podemos aplicar el método bola de nieve?

Como podemos ver en la tabla 2, debemos hacer una lista de todas nuestras cuentas de menor cantidad a mayor cantidad. Una vez tengamos nuestra tabla organizada vamos a comenzar a pagar solo los pagos mínimos de todas las cuentas excepto por la que tiene menor cantidad. Por ejemplo, en este caso la tarjeta de crédito 2 será nuestro enfoque. En vez de hacer el pago mínimo a la tarjeta de crédito 2, vamos a hacer el pago más grande que podamos hasta saldar esta cuenta. Una vez que saldemos la tarjeta de crédito 2, nos enfocaremos en pagar la tarjeta de crédito 1. Y así sucesivamente. De esta manera, vamos a poder saldar todas nuestras cuentas en un determinado tiempo de manera organizada.

¿Cuáles son las desventajas del método bola de nieve?

La principal desventaja del método de bola de nieve es que es posible que paguemos más intereses que utilizando otros métodos. Ahora, es muy importante recordar que este método es el que da mayor satisfacción y nos mantiene más activos para saldar nuestras deudas.

El método de la avalancha

El método de la avalancha consiste en pagar tus deudas enfocándonos en las cuentas con el interés más alto no importando la cantidad de dinero qué se deba. Este método puede ser conveniente para personas que puede mantener metas a largo plazo sin desmotivarse.

Tabla 3

Pasivos / Deudas				
Descripción	Día de Pago	Pago Mínimo	Balance	Interés Anual
Tarjeta de crédito 2	30	$150	$4,500	29%
Tarjeta de Crédito 1	1	$240	$8,000	27%
Prestamos Estudiantiles	5	$2,400	$350,000	5%
Casa	1	$3,244	$400,000	4.50%
Automóvil 2	28	$1,475	$48,000	4%
Automóvil 1	14	$1,000	$15,000	3%
Total		$8,509	$825,500	

¿Cómo podemos aplicar el método de la avalancha?

Si observamos la tabla 3, podemos ver que hemos organizado la tabla completa enfocándonos en la columna de interés. En este caso, nosotros vamos a pagar el pago mínimo de todas las cuentas excepto la tarjeta de crédito 2. Una vez paguemos la tarjeta de crédito 2, Vamos a seguir con la tarjeta de crédito 1, y así sucesivamente. En este caso, nosotros podemos notar que el pago de la casa se ha colocado el cuarto lugar de arriba hacia abajo debido a que tiene un menor interés anual que los prestamos estudiantiles. En la mayoría de los casos es bueno mover el pago de la casa al último lugar si la cantidad que aún se debe es más grande que todos los demás gastos. Esto quiere decir que pagaríamos los prestamos de los vehículos antes de la casa. Personalmente, yo recomiendo en colocar los balances muy altos al final de la lista porque si el balance es muy grande tomará un gran esfuerzo para poder pagarlo.

¿Cuáles son las desventajas del método de la avalancha?

El método de la avalancha lo deben utilizar personas que son consistentes a largo plazo. Esto quiere decir, que este método no es tan gratificante como en método de bola de nieve. Puede ser que se tarde un tiempo prolongado para poder pagar algunos de los balances y puede causar desinterés y mas preocupación.

FRANKLIN MORILLO

Comparación del método de bola de nieve y del método de la avalancha.

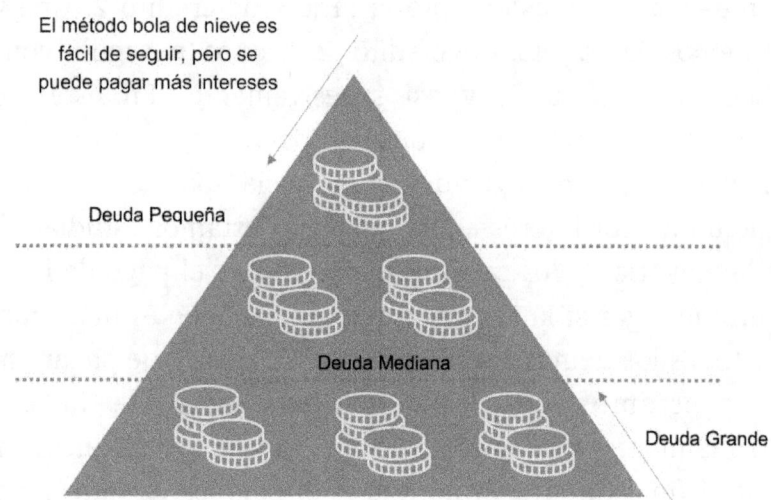

TU TURNO DE ESCRIBIR TU HISTORIA

1. ¿Qué método de pago de deudas te gusta más?
   _____
   _____
   _____
   _____.

2. ¿Porqué te gusta este método?
   _____
   _____
   _____
   _____.

3. ¿Haz podido organizar tus deudas de manera que puedas saldar tus deudas de manera efectiva? Responde con más detalles.
   _____
   _____
   _____
   _____
   _____
   _____
   _____
   _____.

PASO 5 - CREA UN COLCHÓN FINANCIERO

"Nadie puede tener éxito en la vida sin ahorrar. No hay excepciones a esta regla, y nadie puede escapar de ella." – Napoleon Hill

El colchón financiero es una estrategia que podemos implementar una vez hayamos pagado todas nuestras deudas. El colchón financiero nos permitirá tener una estabilidad económica y prepararnos para cambios bruscos de nuestros ingresos. Muchas personas, después de pagar sus deudas, olvidan seguir su presupuesto y comienzan a gastar sin control, lo que les lleva a endeudarse nuevamente. El dinero debe tener un propósito, y por eso, después de pagar nuestras deudas, debemos crear un colchón financiero. Anteriormente habíamos hablado de crear un fondo de emergencias. El colchón financiero le añade una capa de protección a nuestras finanzas. De tal manera que si aún perdemos nuestro trabajo o queremos emprender tendremos el dinero necesario para cubrir todos nuestros gastos mensuales por un largo tiempo.

7 criterios para tomar en cuenta para crear un colchón financiero:

1. Es necesario establecer una meta. Esta meta de ahorro puede ser 1 mes, 3 o 6 meses, o 1 año de gastos mensuales.

2. Utiliza tu presupuesto para calcular cuál es el monto que debes ahorrar.

3. Evalúa tu presupuesto para saber dónde puedes reducir gastos y también cómo puedes aumentar tus ingresos.

4. Mantén tu presupuesto al día o actualizado.

5. Utiliza transacciones automáticas para ahorrar tu colchón financiero. Recuerda que también debes mantener tu fondo de emergencias en una cuenta separada.

6. Es importante establecer una meta de qué tan rápido vamos a ahorrar nuestro primer mes del colchón financiero.

7. Monitorea tus ahorros periódicamente para saber si ya pudiste alcanzar la meta.

El colchón financiero puede comenzar como un ahorro de un mes de gastos mensual. Esto quiere decir que ya podemos vivir un mes sin preocupación en el caso de que algo grave pase a nuestros ingresos. Es muy importante recordar que las verdaderas riquezas son aquellas que nos proporciona un tiempo sin tener que trabajar. Imagínate que puedas ahorrar 20 años de colchón financiero. La mayoría de las personas no tendrían necesidad de trabajar para otros si no que se dedicaría a seguir su pasión en un área de emprendimiento en la vida. Una vez hayamos acumulado más de un año de colchón financiero, podemos considerar inversiones a largo plazo. Tu primer año de colchón financiero no lo inviertas en inversiones a largo plazo.

Muchas personas cometen el error de invertir su colchón financiero en instrumentos de inversiones que solo generan grandes retornos a largo plazo y esto es un error. Nuestro colchón financiero solo debe de ser invertido en instrumentos de inversiones que nos dejen dinero pasivo y que sean fácil de liquidar de manera que podamos resolver cualquier situación económica en lo inmediato. Las bienes raíces es uno de los instrumentos financieros que es muy utilizado para estos fines debido al retorno y liquidez de la inversión. Es importante recordar que aunque un instrumento de inversiones es seguro, estable y provee buenos retornos, es necesario que invirtamos con cuidado. Solo utilicemos instrumentos de inversiones que conozcamos. No invierta simplemente en oportunidades que otros te presentan. Evalúa todas tus inversiones de manera que los números estén correctos. Confirma con un asesor de inversiones que la inversión es segura o entiende los riesgos de dicha inversión. Por último, asegúrate de que, si inviertes con otras personas, utilices un abogado para mantener cuentas claras. Al final es tu dinero y debes protegerlo lo más que puedas.

TU TURNO DE ESCRIBIR TU HISTORIA

1. ¿Cuál es tu meta para el colchón financiero?
   _____
   _____
   _____
   _____.

2. Describe como vas a alcanzar tu meta
   _____
   _____
   _____
   _____
   _____
   _____
   _____
   _____
   _____
   _____
   _____
   _____.

PASO 6 - INVIERTE EN TUS CONOCIMIENTOS FINANCIEROS E INVERSIONES

"El riesgo viene de no saber lo que estás haciendo.
Warren Buffett

Cuanto más invertimos en nuestro conocimiento financieros, mayores serán los retornos. La mayoría de nosotros conoce una historia de un heredero de una fortuna que ha sido engañado por su circulo más intimo por no conocer como funcionan las cosas. Las personas que invierten en su educación financiera y en inversiones son menos propensas a perder dinero. Toda inversión conlleva un riesgo. La forma más fácil de perder nuestros ahorros y todo por lo que hemos luchado hasta ahora es invirtiendo con personas que te dicen que las inversiones no tienen riesgo. No existe una inversión en el mundo que no tenga riesgo.

Todo buen inversionista necesita un equipo. Las 3 personas más importantes que necesitas son un abogado, un contable y un banquero. Los grandes inversionistas tienden a invertir con el dinero de otros por dos razones: reducir impuestos y apalancamiento. Es menos riesgoso invertir con el dinero de otros y además puedes obtener grandes retornos.

Si consultamos una propuesta de negocio con nuestro banquero y no obtenemos su aprobación, es importante proceder con cautela. Mientras esto no nos debe refrenar pues los bancos solo invierten en portafolios que son seguros y les pueden dejar buen retorno, sabemos que hay inversiones que no son muy conocidas y los banqueros esperan a que ese instrumento de inversiones se estabilice y sea más conocido.

Conoce en qué estás invirtiendo

El error número 1 para la mayoría de los inversionistas es no conocer en lo que están invirtiendo. No todas las personas que te ofrecen una sonrisa y garantizan un retorno realmente lo cumplirán. Por eso es necesario que conozcamos muy bien en qué vamos a invertir. Huye de las inversiones que no conoces en profundidad. No seas seducido por la hermosura de un traje elegante o un hermoso vestido acompañado con una bonita figura. Y mucho menos seas seducido por palabras persuasivas que te garantizaren resultados que no pueden ser probados con documentación física y que pueden ser certificadas por bancos, contables, y abogados.

Regla de oro de las inversiones

La regla de oro de las inversiones es no inviertas con el dinero que no puedas perder. Todas las inversiones son arriesgadas. Aún las inversiones con menos riesgo pueden causar problemas. Por eso es muy importante saber qué parte de nuestra inversión se puede perder. Siempre y cuando conozcas los riesgos de la inversión estarás consciente de lo que podrás ganar y podrás perder.

Gestión de riesgos

Es muy importante invertir con riesgos calculados. ¿Qué significa esto? Que sepamos lo que podemos ganar como lo que podemos perder. El inversionista inteligente solo invierte en lugares que pueda ganar. Hay otro tipo de inversionistas más arriesgados que tienen la capacidad de hacer inversiones con chances muy limitados de ganar. Ese tipo de inversiones arriesgadas es mejor dejárselas a las corporaciones o personas que tienen una gran cantidad de dinero para invertir.

Te recomiendo que no juegues tu futuro en las inversiones. No arriesgues tu patrimonio por no medir los riesgos. No inviertas todo tu dinero en un solo activo. Es mejor tomar pequeños pasos que pretender tomar un paso gigante y perderlo todo. Una vez que tengas una cantidad considerable de dinero es importante diversificar tus inversiones y de esta manera puedes reducir el riesgo de perdidas. Diversificar no necesariamente significa cambiar de industria o de instrumento de inversión. Diversificar significa seguir invirtiendo en lo que sabes pero no en una sola cosa. Por ejemplo, si inviertes en bienes raíces, tu diversificación puede estar relacionada a comprar residencias como también expandirse al área comercial y demás.

Inversiones en bienes raíces

Una de las inversiones más estables en el mundo es invertir en bienes raíces. Aunque este mercado sea seguro no quiere decir que no tenga riesgos. Es muy importante estudiar tu estrategia de inversión de manera que puedas conocer los beneficios y los riesgos de dicha inversión.

En los Estados Unidos, invertir en bienes raíces es muy lucrativo por diferentes motivos:

1. Flujo de fondos. Todos los meses estás recibiendo dinero.

2. Las bienes raíces ayuda a reducir impuestos. Esto se conoce como depreciación.

3. Los inmuebles normalmente aumentan su valor en el tiempo. Esto quiere decir que tienen una mejor apreciación de su valor.

4. Valor agregado es cuando hacemos cambios en el inmueble que ayudan a que este ahora aumente su valor.

Cuando se invierte en la propiedad correcta se pueden recibir muy buenos retornos económicos por muchos años.

Inversiones en fondos de retiro

401K

La mayoría de los países en el mundo tienen diferentes fondos de retiros los cuales sus ciudadanos puede tomar ventaja de ello. En los Estados Unidos, nosotros tenemos diferentes fondos de retiro como 401K, IRA, Roth IRA.

401K te permite invertir en tu fondo de retiro utilizando dinero que no le han cobrado impuestos cuando tu empleador paga su nómina. Uno de los mejores beneficios que tiene el 401K es que empleadores normalmente hacen una contribución adicional a tu fondo de retiro. Esta contribución adicional esta establecida en un porcentaje determinado con relación a la cantidad que inviertes. Por ejemplo, por cada dólar invertido, tu empleador invierte 3 centavos hasta llegar al limite anual establecido.

Ahora, es importante saber que hay penalidades por utilizar el dinero del 401K antes de la edad mínima de retiro establecida por el IRS. También, los fondos de retiro 401K pagan impuestos a la hora de tomar desembolsos tanto cuando te retiras o cuando retiras los fondos antes de la fecha de retiro. Para las cuentas 401K hay que comenzar a tomar distribuciones mínimas a la edad establecida por el IRS. Esto quiere decir que no puedes dejar tu dinero invertido por siempre en una cuenta 401K.

IRA y Roth IRA

IRA y Roth IRA son instrumentos de inversión para tu fondo de retiro. IRA te permite invertir utilizando dinero que no le han cobrado impuestos aún. Este tipo de cuenta de inversión se puede abrir tanto por un individuo como un empleador. Las cuentas IRA al igual que 401K te cobran impuestos cuando comienzas a tomar distribuciones y tienes una edad establecida para comenzar a tomar distribuciones mínimas.

Roth IRA es un poco diferente al 401K y al IRA. Roth IRA te permite invertir dinero con contribuciones que ya le han cobrado impuestos. A la hora de tomar distribuciones no te cobran impuestos siempre y cuando comiences a tomar distribuciones a la edad de retiro establecida por el IRS. A diferencia del 401K, el Roth IRA te permite retirar el capital invertido antes de la edad de retiro. Esto no incluye las ganancias que has obtenido mientras el dinero estaba invertido.

Inversiones en la bolsa de valores y más

Target Date Funds | Mutual Funds

Existen fondos de inversiones con una fecha establecida, Target Date Funds en inglés, que tienen el fin de desembolsar los fondos invertidos en un periodo de tiempo establecido. Estás cuentas te permiten invertir a largo plazo y tienen un retorno promedio que es predecible. Aquí podemos encontrar cuentas de fondo de retiro, cuentas con fines escolares, entre otras. Normalmente, este tipo de inversiones tiene una mezcla de instrumentos financieros como acciones de compañías, bonos, y otros instrumentos tanto públicos como privados.

Los fondos mutuos, Mutual Funds, al igual que las inversiones con una fecha establecida se componen de un grupo de instrumentos financieros de inversiones. A diferencia de las inversiones con una fecha establecida puedes tanto invertir como retirar tu dinero en el momento que desees siempre y cuando esto esté establecido en el contrato de inversiones.

509 Account

Es importante conocer que podemos comenzar a invertir a favor de nuestros hijos en cuentas de ahorro, 509 account. La cuenta 509 permite que tus hijos puedan cubrir gastos escolares con el dinero invertido sin tener que pagar impuestos cuando desembolsen el dinero.

Index Funds

A diferencia de las acciones, stocks en inglés, que te permiten invertir en una compañía en especifico, index funds o indices, te permiten invertir en un grupo de compañías de manera que puedes reducir el riesgo de inversión. Algunos de los indices más conocidos son S&P 500, NASDAQ-100, Dow Jones entre otros. Existen indices que invierten en un sector específico de la economía como energía, alimentos, tecnología y mas. Es importante que inviertas en áreas que conozcas y creas. Tus inversiones deben de ser un reflejo de ti y de lo que conoces, de esa manera es mucho más fácil invertir pues vas a tomar decisiones informadas.

Para principiantes en el mundo de los mercados de bolsa de valores es preferible que inviertan en indices en vez de acciones de una compañía en particular especialmente si no tienen mucha experiencia trabajando con este instrumento de inversión.

Bonds | Certificate of deposit

Tanto los bonos de inversión, bonds, como las inversiones a plazo fijo, certificate of deposit, son de las inversiones con menos riesgos. Al tener un riesgo menor, también el retorno es menor. Esto no quiere decir que estos instrumentos de inversiones no son útiles ni que no tienen riesgo. Tanto los bonos de inversión como las inversiones a plazo te pueden ayudar a tener un portafolio de inversiones estable. Si eres joven y quieres invertir en un portafolio con más riesgos puedes invertir en acciones, indices y/o fondos mutuos. Si eres más maduro y quieres tener un factor de riesgo menor puedes considerar indices, fondos mutuos, inversiones a plazo o bonos de inversión.

¿Cómo invertir en estos instrumentos financieros?

Existen muchas compañías que te permiten invertir en estos instrumentos financieros pero es recomendable utilizar compañías que están bien establecidas y que tienen buena reputación. Compañías solidas que se pueden recomendar son Fidelity Investment, Vanguard y Schwwab. Si vives fuera de los Estados Unidos, puedes investigar que compañía es fiable para estos fines de manera que puedas crear una cuenta de inversiones. La mejor forma de encontrar esta respuesta es preguntarle a diferentes bancos locales.

Una vez tengas una cuenta de inversiones puedes programar transacciones automáticas de manera que puedas invertir constantemente y aumentar tu capital de inversiones paulatinamente. Es necesario que estes evaluando tu presupuesto para así hacer ajustes al capital que estarás invirtiendo.

Mientras más conozcas los instrumentos financieros que utilices, mejores serán tus resultados.

TU TURNO DE ESCRIBIR TU HISTORIA

1. ¿Qué tipo de inversiones te llaman la atención?
   _____
   _____
   _____
   _____.

2. ¿Cómo aprenderás más sobre este tipo de inversión?
   _____
   _____
   _____
   _____
   _____
   _____
   _____.

PASO 7 - PLANIFICA TU FUTURO

"Aquellos que están preparados para la jubilación, la disfrutan más."

- Anónimo

Nosotros podemos crecer tan grande como soñemos y Dios lo permita. La mayoría de las personas viven a la suerte, no planifican nada. Por esta razón es necesario que planifiquemos cada uno de nuestros movimientos. Es fundamental tener un plan claro sobre lo que queremos lograr en el futuro. Por esta razón a continuación te presentaré 7 elementos importantes para alcanzar el éxito financiero.

Invierte en tus fondos de retiro

Toma ventaja de las inversiones para fondos de retiro. Si estás empleado en los Estados Unidos toma ventaja del 401K. El 401K te permite ahorrar dinero para tu futuro permitiendo de igual manera que tu empleador pueda aportar para ese fin. Y tanto si eres empleado o tienes tu propio negocio puedes invertir en IRA y Roth IRA.

Salda tu casa

Ya que estás libre de deudas es importante que saldes tu casa. De esta manera vas a poder reducir tu presupuesto significativamente. Uno de los gastos más grandes en nuestro presupuesto es el gasto de vivienda. El gasto de vivienda puede costar hasta un 40% de los ingresos en un hogar.

Legado para tus hijos

Es importante dejar un legado a nuestros hijos. Muchos padres solo les dejan como legado a sus hijos una casa. Y una vez que tenga que ser repartida entre los hermanos, muchas veces se convierte en un problema para la familia. El mejor legado que pueden tener tus hijos es conocer de Jesus, tener una buena educación y también enseñarles a ser emprendedores. Si ayudas a tus hijos a lograr la independencia financiera, no será necesario dejarles una casa. Ellos ya podrán tener la suya y podrán tener mucho más para dejar otro legado a sus hijos. Es mejor una buena educación que un buen carro o un celular lujoso. Es mejor una cuenta de inversiones que acumular prendas de vestir lujosas.

Se Generoso

Ahora que eres libre financieramente, da con generosidad a otros. Ayuda a los tuyos y aún a las personas que no conoces. La generosidad es una cualidad muy admirable que tiene muchos beneficios para ti y los tuyos. No hay mayor gratificación cuando sabes que puedes ayudar a otros sin problemas.

El servicio a la comunidad

Participa en actividades comunitarias porque de esta manera puedes contribuir con el bienestar de los demás. Además, puedes aprender a desarrollar empatía y comprensión lo que te ayudará a entender los problemas que otros están enfrentando y de esta manera podrás buscar soluciones. Muchos problemas en la comunidad pueden ser resueltos por personas con un buen capital y a la misma vez pueden convertirse en un emprendimiento. Por ejemplo, puede que haya una crisis de viviendas y como tienes el capital puedes construir casas y alquilarlas. Y de esta manera estás fortaleciendo la comunidad y a la misma vez obtienes un retorno por dicha inversión. De esta manera estás inspirando cambio en tu comunidad de manera positiva mientras que también lo puedes utilizar como una forma de inversión.

Crea fortuna

Las fortunas nos ayudan a tener seguridad financiera y sobre todo nos dan la libertad y autonomía que necesitamos para vivir el estilo de vida que soñamos. Además, cuando acumulamos una fortuna tenemos oportunidades de inversión y crecimiento que pocas personas en el mundo pueden tener. Podemos invertir en negocios de bienes raíces, en negocios de emprendimiento o en proyectos filantrópicos los cuales pueden ayudar a generar un bien social mientras poder generar mayores ingresos y crecer tu patrimonio.

Cuando creas una fortuna, accedes a privilegios, mejores servicios y experiencias únicas, no solo en tu país de origen, sino en todo el mundo. Puedes tener acceso a información que solo los más afluentes pueden tener. Además, si tienes una fortuna podrás contribuir de manera generosa por las causas que quieres que se luchen. También puedes contribuir de manera muy generosa a las organizaciones benéficas de tu comunidad local y a otras organizaciones benéficas alrededor del mundo.

Por último, podrás dejarle un legado y una herencia a tus hijos y sus futuras generaciones.

Enseña a otros

La mejor manera de solidificar nuestros conocimientos es enseñando a otras personas a comprender y dominar un tema que tu dominas claramente. También puedes enseñar a profundizar y consolidar los conocimientos en un área específica. Mientras enseñas también aprenderás las habilidades necesarias para ser un buen comunicador. Una de las mejores habilidades que podemos poseer es la comunicación efectiva. No todas las personas gozan de una comunicación efectiva que pueda influenciar a las masas.

Mientras enseñamos aprendemos a solidificar nuestra confianza y nuestra autoestima. Además, nosotros podemos desarrollar nuestras habilidades de liderazgo. Y sobre todo mientras enseñamos, nosotros también podemos aprender de los demás.

Una de las mayores satisfacciones personales es saber que pudimos impactar muchas vidas positivamente. Especialmente el saber que le has mejorado la vida a alguien que quizás no iba a tener esa oportunidad de crecimiento sin tu ayuda.

Al enseñar a los demás podemos fomentar estrechos lazos de amistad con nuestra comunidad y crear memorias que nos quedarán plasmadas en nuestras mentes y corazones por toda una eternidad.

Lo más importante en la vida no es simplemente asegurarnos de las cosas que tenemos en la tierra si no también asegurarnos de que nuestra alma tenga un seguro en lo eterno. La vida es como un soplo de viento. La podemos sentir fuertemente, podemos disfrutarla, vivir momentos de pasión intensos, vivir aventuras que quisiéramos que nunca pasen, pero poco a poco ese soplo de vida se va apagando y mientas más maduramos y nos establecemos comenzamos a recordar que el tiempo es corto y todo los logros que obtuvimos un día se desvanecerán, un día ya serán historia pero será la mejor historia que ninguna otra persona va a vivir, la cual es tu propia historia.

Asegúrate de poder alcanzarlo todo y no solo la mitad de la ecuación. El éxito financiero se alcanza cuando podemos ser ricos tanto financieramente como espiritualmente.

Se generoso y de buen testimonio pues lo que hacemos tiene beneficios o consecuencias que van mucho más allá de lo que podemos imaginar.

Tu eres el arquitecto de tus sueños. Te invito a que sueñes en grande y que un día puedas decir Gracias Dios por todo lo que me has permitido tener, por los momentos buenos y malos. Gracias Dios porque toda lo que he vivido es simplemente un reflejo de tu propósito en mi vida.

Muchos éxitos.

TU TURNO DE ESCRIBIR TU HISTORIA

1. ¿Que quieres alcanzar en la vida?
   _____
   _____
   _____
   _____
   _____
   _____.

2. ¿Qué legado quieres dejar?
   _____
   _____
   _____
   _____
   _____.

3. ¿Cómo estas planificando enfrentar situaciones difíciles?
   _____
   _____
   _____
   _____
   _____.

Al final es tu historia. ¿Cómo quieres ser recordado cuando partas de este mundo?

_____
_____
_____
_____
_____
_____
_____
_____
_____
_____
_____
_____
_____
_____
_____
_____
_____
_____
_____
_____
_____
_____
_____
_____
_____.

CONCLUSIÓN

Es mi mayor deseo de que puedes alcanzar todos tus sueños y anhelos según la santa voluntad de Dios. Mi deseo es que este libro te haya dado las bases fundamentales para una vida financiera solida. Recuerda, Tu eres el arquitecto de tu vida, tus sueños y metas.

- Franklin Morillo

ACERCA DEL AUTOR

FRANKLIN MORILLO

Franklin Morillo es un cristiano devoto con un profundo amor por Jesucristo. Como esposo y padre comprometido, aporta un enfoque atento y solidario tanto a su familia como a su vida profesional. Con una pasión por la enseñanza de las finanzas, Franklin se esfuerza por empoderar a otros a alcanzar la libertad financiera que tanto desean y a completar sus aspiraciones educativas.

El es un firme defensor de los principios de Independencia Financiera y Retiro Temprano (FIRE). Franklin está comprometido en ayudar a los demás a entender e implementar estrategias que conduzcan a la jubilación anticipada y a la independencia financiera a largo plazo. Su entusiasmo por las finanzas personales se complementa con su interés en tecnologías de vanguardia como la ciberseguridad, la inteligencia artificial y la programación. El cree en la integración de estos avances modernos con estrategias financieras prácticas para ofrecer un enfoque integral en la gestión y mejora de las finanzas personales.

FRANKLIN MORILLO

A través de su trabajo, Franklin no solo está dedicado a educar a las personas sobre finanzas personales, sino también a inspirarlas a tomar el control de su futuro financiero. Su dedicación a la enseñanza y su comprensión integral de los conceptos financieros tradicionales y modernos lo convierten en un recurso valioso para cualquiera que busque mejorar su bienestar financiero y alcanzar sus sueños de independencia financiera.

www.ingramcontent.com/pod-product-compliance
Lightning Source LLC
Chambersburg PA
CBHW070206230526
45471CB00002B/851